Das Einstiegsgehalt erfolgreich verhandeln

Wie Sie den Wechsel zu einem neuen Arbeitgeber optimal nutzen

von Tobias C. Meier

Gehaltsverhandlungsakademie

Inhaltsverzeichnis

3

Einführung

Es gibt viele Anlässe, um über das eigene Gehalt zu sprechen. Neben dem jährlich stattfindenden Feedback-Gespräch mit dem Vorgesetzten und Veränderungen im eigenen Aufgabenbereich ist ein Jobwechsel eine der besten Gelegenheiten das Thema anzusprechen.

Dabei spielt es keine Rolle, ob der Jobwechsel innerhalb des Unternehmens stattfindet, oder ob Sie bei einem neuen Arbeitgeber starten. Lediglich die Strategie unterscheidet sich etwas, da Ihr jetziger Arbeitgeber Ihr aktuelles Gehalt kennt, und er in der Gehaltsverhandlung damit einen Referenzwert hat. Bei einem externen Jobwechsel dagegen haben Sie die Möglichkeit, einen deutlich größeren Sprung zu machen.

In beiden Fällen übernehmen Sie neue Aufgaben. Das wird nicht ohne Grund passieren. Sie sind entweder ein besonders geeigneter Kandidat für die Stelle, und/oder Ihr Arbeitgeber möchte Sie gerne in dieser neuen Position haben. Das ist eine gute Ausgangslage, um über ein für die neue Stelle angemessenes Gehalt zu sprechen.

Häufig gehen Jobwechsel auch mit gestiegener Verantwortung einher. Auch das ist ein guter Startpunkt, da eine größere Verantwortung einen deutlichen Mehrwert für das Unternehmen darstellt. Es ist gerechtfertigt, einen Teil dieses Mehrwertes in Form einer Gehaltserhöhung als Gegenleistung vom Arbeitgeber zu erwarten.

Aber wie gehen Sie das Thema an?

Idealerweise warten Sie, bis Ihr Arbeitgeber Ihnen ein Gehaltsangebot vorlegt. So können Sie darauf reagieren, ohne sich selbst in die Karten schauen zu lassen. Bei einem Wechsel des Arbeitgebers sollten Sie auf keinen Fall Ihr jetziges Gehalt nennen, oder einen konkreten Zielwert. Denn vielleicht ist das Unternehmen ja bereit, deutlich mehr zu zahlen. Wenn Sie als erstes Ihr Wunschgehalt nennen, vergeben Sie ggf. die Chance auf ein zusätzliches Einkommen.

Das gilt auch schon für die Bewerbung. Auch wenn in der Stellenanzeige nach einem Gehaltswunsch gefragt wird, sollten Sie hier nur angeben: "verhandelbar", oder "marktüblich", oder diese Angabe gleich weglassen. Es ist wichtig, sich nicht schon im Anschreiben die Möglichkeit auf ein höheres Gehalt zu nehmen. Wenn Sie eine gelungene Bewerbung einsenden, wird man Sie auch ohne die Gehaltsangabe zu einem Vorstellungsgespräch einladen. Befolgen Sie die Grundregeln und Tipps für eine ansprechende Bewerbung, und die fehlende Gehaltsangabe wird den Arbeitgeber nicht stören.

Aber auch wenn Sie innerhalb der Firma wechseln, sollten Sie zunächst ein Angebot Ihres Vorgesetzten abwarten. Natürlich können Sie in den ersten Gesprächen bereits das Thema ansprechen, damit sich Ihr Chef darauf vorbereiten kann. Aber eine konkrete Vorstellung sollte vom Arbeitgeber und nicht von Ihnen kommen. Schließlich möchte der Arbeitgeber Sie auf die neue Position versetzen, und nicht umgekehrt.

Sollte Ihr Vorgesetzter davon ausgehen, dass Sie den Job ohne eine Verbesserung Ihres Gehalts wechseln, müssen Sie selbst tätig werden.

Vereinbaren Sie dazu mit genug Vorlauf (idealerweise 1-2 Wochen) einen Termin, für den Sie ankündigen, über Ihre Leistungen oder Details zum Jobwechsel sprechen zu wollen. Ihr Chef muss die Möglichkeit haben, sich auf das Gespräch vorzubereiten, und im Vorfeld mit seinen Vorgesetzten oder der Personalabteilung den Spielraum für eine Gehaltsanpassung klären zu können.

Im Gespräch legen Sie Ihre im jetzigen Job erzielten Erfolge dar, und stellen Ihre jetzigen Verantwortlichkeiten mit Ihren zukünftigen gegenüber. Dazu können die verantworteten Produkte gehören, von denen Sie nun mehr betreuen müssen, eine höhere Umsatzverantwortung, oder eine gestiegene Zahl an Mitarbeitern, oder eine höhere Budgetsumme. Alles, was den neuen Job anspruchsvoller, größer, oder komplizierter macht, können Sie hier anführen.

Wichtig ist dabei, immer sachlich und freundlich zu bleiben. Zeigen Sie die Fakten auf, ohne fordernd zu wirken. Schließlich arbeiten Sie langfristig im Unternehmen und mit Ihrem Chef zusammen, und wollen nicht die gute Zusammenarbeit durch ein zu harsches Auftreten riskieren. Es spricht aber nichts dagegen, Ihren Punkt inhaltlich, sachlich und klar darzulegen, und für Ihre Sache zu argumentieren.

Nach dem Sie die Fakten dargelegt haben, fragen Sie direkt nach, welche Vergütung für die neue Position vorgesehen ist, oder wie sich Ihr Chef Ihre Vergütung in der neuen Rolle vorstellt. Damit kommunizieren Sie deutlich Ihren Anspruch, sich gehaltlich weiterzuentwickeln. So können Sie aber vermeiden, dass es nach einer Forderung klingt. Eine direkte Konfrontation wie "dafür möchte ich mehr Gehalt" ist sehr direkt, und kann die Beziehung zu Ihrem Chef belasten. Eine indirekte Frageform ist daher geeigneter.

Es ist durchaus üblich, dass Ihr Chef Ihnen nicht direkt eine konkrete Zusage geben kann. Denn schließlich ist eine Gehaltserhöhung auch immer eine Frage von Budgets, Genehmigungen und internen Prozessen. Ihr Ziel ist es aber, dass Ihr direkter Vorgesetzter Ihre Erwartungshaltung nachvollziehen kann, versteht, und Ihnen eine Prüfung zusagt.

Damit haben Sie den Grundstein gelegt, um in einem zweiten Gespräch das Thema Gehaltserhöhung wieder ansprechen zu können. Ihr Chef muss Ihnen nun eine Antwort geben, und sich der Sache annehmen. Und da er Ihre Erwartungshaltung kennt, steht er nun unter Druck Ihnen eine für beide Seiten zufrieden stellende Lösung anbieten zu müssen.

Warten Sie nun auf sein Angebot. Nach ca. ein bis zwei Wochen ist es angemessen, sich nach dem Stand zu erkundigen. Sofern möglich, sollten Sie die Gehaltsfrage noch vor deinem Wechsel in die neue Position abgeschlossen haben.

In der Verhandlung um die Höhe des neuen Gehalts greifen natürlich alle Strategien, die wir in den vorigen Kapiteln in diesem Buch erarbeitet haben. Nutzen Sie die Chance, um mit dem Jobwechsel Ihr Gehalt nachhaltig zu steigern.

Wenn Sie ein Angebot erhalten haben, und Ihre Erwartungen nicht erfüllt worden sind, kommunizieren Sie das. Auch hier gilt es, sachlich und freundlich zu bleiben. Ziel ist es nun, bei nächster Gelegenheit, z.B. dem nächsten Feedbackgespräch, an die Verhandlung anknüpfen zu können, und ggf. dann eine weitere Gehaltserhöhung verhandeln zu können.

Sie können z.B. sagen:

"Ehrlich gesagt hatte ich eine deutlichere Verbesserung meines Einkommens erwartet. Die neue Position ist viel umfangreicher als meine jetzige. Ich freue mich auf die neue Aufgabe, aber gehaltlich bewege ich mich nun eher am unteren Rand dessen, was ich für eine solche Tätigkeit erwarten würde. Können wir meine Vergütung in der nächsten Evaluation im Februar noch einmal aufnehmen?"

Auf diese Weise zeigen Sie Ihre weiterhin hohe Motivation für den Job, legen aber auch sachlich dar, dass Sie mehr erwartet hatten. Durch die zeitliche Verschiebung des Themas bieten Sie Ihrem Vorgesetzten einen Ausweg an, eröffnen sich aber gleichzeitig die Möglichkeit, in einigen Monaten einen neuen Versuch zu starten.

In diesem Buch gehen wir gemeinsam detailliert die einzelnen Schritte durch, die Sie vor und während einer Gehaltsverhandlung durchlaufen.

Dabei gebe ich Ihnen viele Beispiele zur Hand, mit denen Sie sich in die jeweilige Situation hineinversetzen können. Einzelne Argumentationen können Sie im Wortlaut in Ihrer eigenen Gehaltsverhandlung verwenden.

Außerdem erfahren Sie, wie Ihr zukünftiger Arbeitgeber typischerweise auf Gehaltsforderungen reagieren wird, und mit welchen Antworten Sie seine Argumente entkräften und so ein höheres Einstiegsgehalt erzielen können.

Ich wünsche Ihnen bei der Lektüre sowie Ihrer Gehaltsverhandlung viel Erfolg.

Tobias C. Meier
Gehaltsverhandlungsakademie

Sie suchen weitere Informationen
zur Gehaltsverhandlung?

Die Gehaltsverhandlungsakademie bietet Ihnen
umfassende Video-Kurse zur Vorbereitung.

Besuchen Sie uns in der Gehaltsverhandlungsakademie:
www.gehaltsverhandlungsakademie.de

Warum ist das Thema so relevant?

Gehaltsverhandlungen sind sehr wichtig. Denn das aktuelle Gehalt beeinflusst, wie viel Sie in den nächsten Jahren verdienen. Jede Erhöhung, die Sie erhalten, bezieht sich üblicherweise auf das Basisgehalt, das Sie bislang schon bekommen. Das heißt, wenn Sie mit einem höheren Gehalt einsteigen, oder heute Ihr Gehalt steigern können, haben Sie die Chance, im Laufe der nächsten Jahre mehr zu verdienen. Deswegen hat dieses Thema eine hohe Bedeutung.

Gleichzeitig ist es aber auch eine Materie, in der man selten ausgebildet wird. Denn das ist kein Stoff, der in der Schule, der Ausbildung oder dem Studium behandelt wird oder den die Eltern einem erklären. Auch der Arbeitgeber hat kein Interesse daran, die eigenen Mitarbeiter darin zu schulen. Die wenigsten Menschen wissen also viel darüber. Sie sitzen aber in Gehaltsverhandlungen Leuten gegenüber, die darin geschult sind und ständig damit zu tun haben. Deswegen ist es wichtig, sehr gut vorbereitet in diese Termine zu gehen.

Das Ziel der Gehaltsverhandlungsakademie ist es, dieses Ungleichgewicht auszugleichen. Wir schulen Angestellte darin, kompetent das eigene Gehalt verhandeln zu können.

Hier ein paar Fakten zu meiner Qualifizierung: Ich bin seit sieben Jahren als Führungskraft in der Industrie tätig und kenne beide Seiten. Ich habe selbst mit meinen Chefs über mein Gehalt verhandelt und muss mich damit in meinem Team auseinandersetzen.

Ich kann Ihnen also einerseits die Perspektive des Vorgesetzten erläutern und andererseits, wie Sie am besten darauf reagieren. Das wird Ihnen helfen, wenn Sie selbst in der Situation sind, über Ihr Gehalt verhandeln zu müssen.

Das Thema Gehalt ist in Deutschland leider nach wie vor in Unterhaltungen mit Familie und Freunde weitgehend ein Tabu. Man tauscht sich einfach nicht detailliert über Gehalt aus. Dadurch ermöglicht man den Arbeitgebern einen Vorteil in den Verhandlungen. Je eher Sie Ihr Gehalt mit Nachdruck und kompetent selbst verhandeln, desto größer wird über die Jahre hinweg der Nutzen sein, den Sie aus diesen wichtigen Kenntnissen ziehen können.

Wie man es nicht macht

Eine Gehaltsverhandlung muss gut vorbereitet werden. Denn es gibt gute und schlechte Argumente, die man vorbringen kann.

Wie man es nicht machen sollte, sehen Sie hier in einem kurzen Beispiel:

Vorgesetzter: *Was sind Ihre Gehaltsvorstellungen?*

Kandidatin: *Eh, puh, ja, also 40.000 brutto im Jahr?*

Oder aber:

Kandidatin: *Also, ich würde sagen so 35.000 Brutto-Jahresgehalt?*

Oder:

Kandidatin: *Mmh, ich stell' mir so 45.000 Brutto-Jahresgehalt vor.*

Alternativ auch:

Kandidatin: *Also, meine Vorstellung wären so 55.000 Brutto-Jahresgehalt.*

Auch diese Antwort ist schlecht:

Kandidatin: *Also, ich würde sagen so im Bereich von, ja, 45.000 bis 50.000 Brutto-Jahresgehalt.*

Das sind klassische Beispiele, wie man es nicht machen sollte. Die Kandidatin ist entweder schlecht vorbereitet und hat keine passende Antwort parat oder sie gibt eine Antwort, die ihr langfristig schadet: zum Beispiel, wenn sie einen konkreten Betrag nennt. Damit hat der Personaler einen Referenzwert, von dem er sie herunterhandeln kann, beziehungsweise sie kann nicht das gesamte Potenzial ausschöpfen. Denn vielleicht hätte das Unternehmen ja auch 5.000 oder 10.000 Euro mehr im Jahr bezahlt?

So sollten Sie es also nicht machen. Schließlich wollen Sie später nicht in die Situation kommen, dass jemand anders, der genau den gleichen Job macht wie Sie, ein paar tausend Euro mehr verdient.

Gehaltsangabe in der Bewerbung

Manchmal wird schon in der Stellenausschreibung nach dem Wunschgehalt gefragt. Wie reagiert man da? Oder es wird nach dem alten Gehalt gefragt. Was gibt man in der Bewerbung an?

Die Antwort ist ganz einfach: Schreiben Sie, dass das alte Gehalt wettbewerbsfähig war und das Wunschgehalt verhandelbar ist.

Das Unternehmen sucht geeignete Mitarbeiter. Wenn Sie von Ihrem Profil her gut passen, wird man Sie zu einem Gespräch einladen. Man wird Ihre Bewerbung nicht gleich aussortieren, wenn Sie keine präzisen Gehaltsangaben machen. So können Sie das Thema Gehalt in die persönliche Vorstellung einbringen. Dort haben Sie die Chance, dazu Stellung zu nehmen.

So lernt das Unternehmen Sie zunächst kennen. Nur auf Basis Ihres Lebenslaufs, von einem Stück Papier, ist es sehr schwierig, Ihren tatsächlichen Wert festzustellen. Sie schwächen also Ihre Position, wenn Sie in der Bewerbung gleich ein Wunschgehalt oder das letzte Gehalt angeben.

Schreiben Sie einfach, dass Sie ein wettbewerbsfähiges Gehalt haben und Ihr zukünftiges Gehalt verhandelbar ist. Wenn das Unternehmen an Ihnen, Ihrem Profil und Ihren Qualifikationen Interesse hat, wird es mit Ihnen über Ihr Gehalt sprechen müssen.

Die richtige Einstellung

Ein weiterer wichtiger Punkt ist, mit der richtigen Einstellung in ein Gehaltsverhandlungsgespräch zu gehen.

Machen Sie sich bewusst, dass es ein fairer Austausch ist. Sie leisten zukünftig einen wertvollen Beitrag zu den Ergebnissen des Unternehmens und das Unternehmen leistet seinen Beitrag in Form von Lohn oder Gehalt. Beides muss fair sein. Wenn Sie gute Leistungen erbringen, dann ist es auch gerecht, dafür ein angemessenes Gehalt zu verlangen.

Natürlich müssen Sie faktenorientiert argumentieren, gut vorbereitet sein und gute Beispiele dafür aufzählen, wie Sie dem Unternehmen Nutzen bringen. Durch Ihre Fähigkeiten, Erfahrungen und Ihren Einsatz können Sie Kosten einsparen, oder zusätzlichen Umsatz oder Gewinn erzielen. Dann haben Sie eine Eigenschaft, die der Arbeitgeber sucht und die für ihn einen hohen Wert hat. Sie sind ein Spezialist für ein Thema.

All diese Dinge helfen Ihnen in einer Gehaltsverhandlung. Bleiben Sie immer faktenorientiert und sachlich und machen Sie sich immer wieder bewusst, dass es sich hier um einen Austausch handelt. Deswegen brauchen Sie sich nicht zu verstecken. Sie haben nicht die Rolle eines Bittstellers, wenn Sie Ihren Job wechseln.

Das Unternehmen oder Ihr zukünftiger Vorgesetzter hat vermutlich wenig Interesse, den gesamten Recruiting-Prozess neu zu beginnen. Denken Sie daran, dass es ein fairer Austausch ist: Leistung gegen Lohn und Lohn gegen Leistung. Mit dieser Einstellung erfüllen Sie eine

Grundvoraussetzung, um bei Gehaltsverhandlungen erfolgreich zu sein.

Warum eine gute Vorbereitung so wichtig ist

Die Vorbereitung auf ein Gehaltsverhandlungsgespräch ist extrem wichtig. Denn das Ergebnis, das Sie dabei herausholen, beeinflusst Ihr Gehalt in den nächsten Monaten bis Jahren.

Deshalb ist es äußerst wichtig, diese 10 bis 15 Minuten Gespräch gut vorzubereiten. Es mag vielleicht viel wirken, wenn Sie mehrere Stunden oder vielleicht sogar einen ganzen Tag in die Vorbereitung stecken – nur für 10 oder 15 Minuten Verhandlung –, aber machen Sie sich bewusst, dass dieser Termin mit Ihrem Chef oder zukünftigen Vorgesetzten mehrere Tausend Euro wert sein kann, wenn Sie es schaffen, Ihr Gehalt ein paar Prozentpunkte nach oben zu bringen.

Deswegen ist die Vorbereitungszeit auf die Gehaltsverhandlung sehr gut investierte Zeit.

Der eigene Marktwert

Das Wichtigste bei der Vorbereitung des Gehaltsgesprächs ist, dass Sie den eigenen Marktwert auf Basis Ihrer Qualifikation, Ihrer Erfahrung und Ihrer Ausbildung ermitteln. Wie viel sind die Unternehmen momentan bereit, in Ihrer Branche, an Ihrem Standort für diese Position, diese Verantwortung zu bezahlen? Sie sollten auf jeden Fall eine Online-Recherche machen. Es gibt viele Seiten im Internet, die Gehaltsstudien veröffentlichen. Dort kann man sehr schnell sehen, was man in einer Großstadt oder einer Kleinstadt, in einem großen oder kleinen Unternehmen oder in der Automobil- oder Pharmabranche im Vergleich zum Einzelhandel verdient.

Bei der Analyse der Informationen kann man dann feststellen, wo man mit seinem Profil und seinen Qualifikationen ungefähr liegt. Was ist der Durchschnittswert der relevanten Gehälter? Wie groß ist die Bandbreite, in der sich die Löhne und Gehälter für eine vergleichbare Position bewegen? Wenn man beispielsweise ermittelt, dass für eine ähnliche Stelle 50.000 bis 60.000 Euro bezahlt werden und der Durchschnittswert bei 54.000 Euro liegt, kann man einschätzen, wo man steht beziehungsweise welches Ziel man ins Auge fassen kann.

Für das Gespräch stellt man diese Informationen am besten in anschaulicher Form in einem Dokument dar. Was ist der Durchschnittsverdienst in dieser Branche und dieser Position und was ist die Bandbreite? Zum Beispiel kann der Durchschnittswert, der für diese Position in einer vergleichbaren Branche gezahlt wird, bei 53.000 Euro liegen, und die Bandbreite von 50.000 bis 60.000

Euro reichen. In das Dokument gehören auch die Faktoren, die diese Bandbreite beeinflussen. Das kann zum Beispiel die Größe des Teams sein, das man verantwortet, eine bestimmte Projekterfahrung, die man mitbringt, oder bestimmte Zusatzqualifikationen, die man braucht. Sie sollten nun Ihr eigenes Profil mit diesen Informationen abgleichen. Wenn Sie ähnliche Qualifikationen und Erfahrungen mitbringen, sollte Ihr Gehalt am oberen Rand der Bandbreite liegen. Wenn Sie gerade neu in diesem Bereich anfangen und wenig Erfahrung haben, liegt Ihr Gehalt wahrscheinlich eher am unteren Rand.

Mit diesem Dokument können Sie in der Gehaltsverhandlung Ihre Forderung begründen und beispielsweise darlegen, warum Ihr Gehalt eher in einem höheren Bereich liegen sollte.

Beispiel für einen Gehaltsreport

Gehaltsreport Senior Produktmanager Automobil

Kandidatenprofil

Berufserfahrung	- 8 Jahre Berufserfahrung in der Automobilbranche - Führung von 2 Mitarbeitern - Budgetverantwortung 1,2 Mio. Euro
Projekterfahrung	- Einführung einer neuen Modellreihe - Prozessoptimierung der Fertigung im Werk Frankfurt
Qualifikationen	- Betriebswirtschaftliches Studium an der Universität Mannheim - 2 Jahre Auslandserfahrung am Produktionsstandort in den USA - Ausbildung zum Six Sigma Green Belt (Prozessoptimierung)

Positionsprofil

Branche	- Automobil-Zulieferer
Unternehmensgröße	- 30 Mitarbeiter
Region	- Baden-Württemberg - Rhein-Neckar-Kreis
Aufgabenbereich	- Operative und strategische Leitung des Geschäftsbereichs Modell D26 - Führung von 4 Mitarbeitern - Budgetverantwortung 2,0 Mio. Euro - Berichtslinie an den Geschäftsführer Marketing

Gehaltsvergleich Senior Produktmanager

Abfragewerte	- Bruttojahresgehalt Senior Produktmanager - 5-10 Jahre Berufserfahrung - Automobilbranche - Rhein-Neckar-Kreis - Unternehmensgröße 10-50 Mitarbeiter

Niedrigstes Gehalt (unteres Ende der Bandbreite)	Durchschnittsgehalt (gewichteter Durchschnitt aller Gehälter)	Median (am häufigsten gezahltes Gehalt)	Höchstes Gehalt (das obere Ende der Bandbreite)
48.195,- €	61.736,- €	71.613,- €	106.650,- €

Quelle: Internetrecherche Gehaltsdatenbanken

Abb. 1: Der Gehaltsreport zeigt den aktuellen Wert des eigenen Profils und die Vergütung vergleichbarer Stellen.

Einen Gehaltsreport erstellen

Wie kann man nun konkret seinen aktuellen Marktwert bestimmen und ihn anschaulich darstellen? Dazu kann man unseren Standard-Gehaltsreport nutzen und ihn an die eigenen Kenntnisse, Erfahrungen und Bedürfnisse anpassen.

Eine Vorlage dafür finden Sie auf unserer Website unter folgender Adresse kostenfrei zum Download:

http://www.gehaltsverhandlungsakademie.de/vorlagen

Als Beispiel nehmen wir einen Senior Produktmanager im Automobilbereich. Grundsätzlich ist der Gehaltsreport das Ergebnis einer Internetrecherche, man kann aber auch andere Quellen nutzen. Das Internet macht es aber sehr einfach, denn es gibt viele Seiten, die Gehälter abfragen und Durchschnittswerte bilden und sie nach Branche, Unternehmensgröße, Region, Erfahrung etc. auflisten. Man kann dort sehr leicht Informationen darüber sammeln, wie hoch das Gehalt für einen Job oder eine Position aktuell ist. Natürlich hängt die Bezahlung auch immer vom individuellen Profil ab. Deshalb gibt es in der Regel eine Bandbreite für das Gehalt und keinen fixen Wert.

Der erste Teil des Gehaltsreports ist das Kandidatenprofil. Dazu gehören die Themen Berufserfahrung, spezifische Projekterfahrung und besondere Qualifikationen. Zur Berufserfahrung zählt insbesondere die Anzahl der Jahre, die man bereits in diesem Bereich arbeitet, aber auch Spezifika wie etwa Führungsverantwortung für Mitarbeiter oder

Budgetverantwortung. Das sind quantifizierbare Daten, die Jobs vergleichbar machen.

Die Projekterfahrung zeigt, mit welchen Themen man in der Vergangenheit bereits zu tun hatte. Manche Punkte machen einen Kandidaten für ein bestimmtes Unternehmen interessant, da er bereits Erfahrungen sammeln konnte und deswegen vielleicht schon weiß, wie man bestimmte Probleme anpackt. Vielleicht verfügt er über so viel Know-how, dass er für größere Herausforderungen geeignet ist. Das alles steigert natürlich den eigenen Wert.

Qualifikationen sind das dritte Thema des Kandidatenprofils. Dazu gehören etwa die einzelnen Stationen des Studiums, Auslandserfahrung, aber auch berufsspezifische Ausbildungen oder Sonderqualifikationen. Bei unserer Beispiel-Mitarbeiterin ist es die Ausbildung zum Six Sigma Green Belt, eine Qualifikation, die vor allem für die Prozessoptimierung im Automobilbereich sinnvoll ist. Das sind die harten Fakten der Qualifikation, die ein Kandidat mitbringt und die ihn für einen zukünftigen Arbeitgeber attraktiv machen. Beim derzeitigen Arbeitgeber bilden sie einen Status quo, den man mit externen Fakten des Arbeitsmarkts abgleichen kann.

Der zweite Teil des Gehaltsreports besteht aus dem Positionsprofil. Dabei handelt es sich um das Profil der Stelle, auf der man derzeit arbeitet oder in Zukunft arbeiten möchte. Während das Kandidatenprofil die harten Fakten zu der Person, die nach mehr Gehalt fragt, beinhaltet, enthält das Positionsprofil die Beschreibung der Stelle, auf der man momentan tätig ist.

Zwischen den beiden Profilarten kann es durchaus Diskrepanzen geben, wenn man beispielsweise deutlich mehr Erfahrung mitbringt, als für die Position nötig ist oder die Position eigentlich eine bessere Qualifikation erfordert, als der Kandidat hat. Darauf kann man eine Argumentationskette aufbauen, indem man sagt, dass man eigentlich von seinem Kandidatenprofil her sehr qualifiziert ist und vielleicht einen verantwortungsvollen Job hat. Deshalb müsste man eigentlich besser bezahlt werden, als das momentan der Fall ist.

In das Positionsprofil gehören Angaben zur Branche – in unserem Fall ist es der Automobilzulieferer – sowie zur Unternehmensgröße – hier bemessen nach der Anzahl der Mitarbeiter. Die Unternehmensgröße kann man aber auch durch den Umsatz verdeutlichen. Man sollte die Region nennen – hier der Rhein-Neckar-Kreis in Baden-Württemberg. Außerdem sollte man stichpunktartig den aktuellen Aufgabenbereich beschreiben, zum Beispiel die Führung von vier Mitarbeitern, Budgetverantwortung von 2 Mio. Euro und Berichtslinie an den Geschäftsführer Marketing.

All dies sind Faktoren, die im externen Vergleich das Gehalt beeinflussen. Das heißt, bestimmte Branchen, wie Automobilzulieferer, zahlen mehr als andere Branchen, wie etwa der Lebensmittel-Einzelhandel. Die Unternehmensgröße ist ebenfalls relevant. Große Unternehmen zahlen in der Regel besser als kleinere. Wichtig ist auch die Region. In Baden-Württemberg und Bayern beispielsweise sind die Einkommen – aber auch die Lebenshaltungskosten – häufig etwas höher als in anderen Teilen Deutschlands.

Unter dem Stichwort Aufgabenbereich werden die aktuellen Aufgaben aufgelistet und Angaben dazu gemacht, wie viel Verantwortung man als Mitarbeiter in dieser Position zurzeit hat. Diese Informationen ergeben ein gutes Bild über den Kandidaten und die Stelle, auf der er arbeitet. Wie viel ist nun seine Leistung und Erfahrung momentan am Markt wert? Antworten dazu liefert der Gehaltsvergleich.

Das Kernstück des Gehaltsreports ist der Gehaltsvergleich für eine Stelle mit ähnlichen Charakteristika – in unserem Beispiel der Senior Produktmanager mit entsprechender Berufserfahrung, in dieser Branche, in dieser Region und mit dieser Unternehmensgröße. Die Informationen dazu kann man, wie gesagt, leicht im Internet über Gehaltsvergleichs-Datenbanken ermitteln. Hier dürfen aber auch Angaben aus dem Bekannten- und Freundeskreis einfließen.

Beim Gehaltsvergleich sollte man das niedrigste Gehalt, also das untere Ende der Bandbreite, angeben, in diesem Fall 41.195 Euro Bruttogehalt. Dann folgt der gewichtete Durchschnitt aller relevanten Gehälter, also 61.736 Euro Bruttogehalt, und das höchste Bruttogehalt mit 106.650 Euro als oberes Ende der Bandbreite.

Große Aussagekraft hat dabei der gewichtete Durchschnitt aller Gehälter. sehr wichtig ist aber auch der Median. Der Median ist das am häufigsten gezahlte Gehalt, also der Bereich, in dem sich der Großteil der Mitarbeiter mit einem vergleichbaren Profil bewegt. Durch eine sehr große Spreizung, also ein sehr hohes oder ein sehr niedriges Gehalt, kann sich das Durchschnittsgehalt nach oben oder unten verschieben. Der Median hingegen – also die Anzahl der Personen, die ein bestimmtes Gehalt beziehen, – bleibt relativ gleich. In unserem Beispiel liegt der Median oder das am häufigsten gezahlte Gehalt bei 71.613 Euro.

Auf diese Weise erhält man als Orientierung, das Durchschnittsgehalt und den Median. Die Angaben beziehen sich auf einen Mitarbeiter mit fünf bis zehn Jahren Berufserfahrung in einer bestimmten Branche in einer bestimmten Region. Wenn Sie im oberen Bereich der Zeitspanne von fünf bis zehn Jahren liegen, Ihr Unternehmen relativ groß ist oder Sie bestimmte Kenntnisse oder spezifische Projekterfahrungen mitbringen, dann ist es durchaus gerechtfertigt, dass Ihr Gehalt am oberen Rand liegt, das heißt, dass Sie mehr als der Durchschnitt verdienen. Wenn Sie erst am Anfang Ihrer Berufslaufbahn stehen, das Unternehmen eher klein ist oder Sie wenig Erfahrung mitbringen, dann liegt Ihr Gehalt am unteren Rand der Bandbreite. Mit diesen relativ objektiven Vergleichswerten hat man eine Gesprächsbasis, auf der man die Gehaltsverhandlung führen kann, um eine Erhöhung oder ein höheres Einstiegsgehalt zu erzielen.

Zusammenfassung

Der Gehaltsreport besteht aus dem Kandidatenprofil, das umreißt, welche Berufserfahrung, Projekterfahrung und Qualifikationen jemand tatsächlich mitbringt. Der Report enthält außerdem die Positionsbeschreibung: Was erfordert die Position, in der man aktuell arbeitet oder zukünftig arbeiten möchte? In welcher Branche, in welchem Umfeld, mit welcher Verantwortung und welchen Aufgaben? Drittens folgt der Gehaltsvergleich: Wie wird ein vergleichbarer Kandidat mit einer vergleichbaren Erfahrung auf einer vergleichbaren Stelle momentan am Markt bezahlt? Was ist das niedrigste und das höchste Gehalt, also die Bandbreite? Was ist der Durchschnitt und der Median?

Anhand dieser Angaben können Sie feststellen, wo Ihr Gehalt liegen sollte. Damit sind Sie für eine Verhandlung über eine Gehaltserhöhung gut gewappnet.

Der richtige Zeitpunkt im Interview

Wann ist im Vorstellungsgespräch der richtige Zeitpunkt, das Gehalt anzusprechen? Sie sollten das Thema gar nicht ansprechen. Das ist Sache des Arbeitgebers, schließlich will er Sie einstellen. Auch wenn Sie diese Frage natürlich besonders interessiert, sollten Sie das Thema nicht anschneiden, sondern warten, bis Ihr Arbeitgeber darauf zu sprechen kommt.

Irgendwann wird im Vorstellungsgespräch der Moment kommen, in dem der Interviewer fragt, welche Gehaltsvorstellungen Sie haben.

Hier ein paar Beispiele, wie Sie nicht reagieren sollten:

Vorgesetzter: Was haben Sie sich denn für ein Gehalt vorgestellt?

Kandidatin: Meine Vorstellung liegt bei 45.000 Euro im Jahr.

Vorgesetzter: 45.000 Euro. Mmh. Wir hätten Sie natürlich gerne bei uns im Team, aber unser Budgetrahmen bewegt sich eher im Bereich 38.000 bis 43.000 Euro. Das heißt, da wären Sie jetzt schon leicht darüber. Könnten wir uns bei 43.000 Euro treffen?

Kandidatin: Das sind natürlich 2.000 Euro unter meinen Vorstellungen. Aber ich denke, da könnte man sich darauf einigen, wenn es Entwicklungschancen gibt.

Oder aber:

Vorgesetzter: Welche Gehaltsvorstellung haben Sie?
Kandidatin: Also, ich habe mir einen Rahmen von jährlich

40.000 bis 45.000 Euro vorgestellt.

Vorgesetzter: *Das ist zwar nicht allzu weit von unseren Budgets entfernt. Aber wir bewegen uns da eher in einem Rahmen von 35.000 bis 40.000 Euro, wenn ich ehrlich bin. Ist das etwas, was Sie sich auch vorstellen könnten?*

Kandidatin: *Ich hatte ja 40.000 bis 45.000 Euro gesagt. Wenn wir uns tatsächlich auf die 40.000 Euro einigen könnten, dann wäre das für mich in Ordnung.*

Die Beispiele zeigen deutlich was passiert, wenn Sie dem Unternehmen einen Referenzwert geben. Sie eröffnen damit die Gehaltsverhandlung und in der Regel führt es dazu, dass Sie Ihr eigenes Gehalt nach unten verhandeln, wie die Beispiele anschaulich darstellen.

In den nächsten Kapiteln gehen wir auf die richtige Vorgehensweise in einer solchen Situation ein.

Die goldene Regel

So sollte man es natürlich nicht machen. Wenn Sie einen konkreten Wert nennen oder eine Bandbreite, mit der Sie zufrieden sind, dann werden Sie niemals das Maximum ausschöpfen können, das das Unternehmen bereit wäre, tatsächlich zu zahlen. Wenn bis zu 55.000 Euro im Budget sind und Sie sagen, dass Sie mit 48.000 Euro zufrieden sind oder in Ihrem alten Job nur 45.000 Euro verdient haben, dann verkaufen Sie sich unter Wert.

Bei Gehaltsverhandlungen gibt es eine goldene Regel: Wer als erster etwas sagt, verliert. Lassen Sie sich also auf keinen Fall darauf ein, eine Gehaltsforderung oder Ihr altes Gehalt zu nennen. Auf gar keinen Fall.

In dem Moment, in dem Sie einen Referenzwert angeben und sagen, dass Sie sich beispielsweise 48.000 Euro Jahresgehalt vorstellen können, geben Sie dem Unternehmen einen Referenzwert, von dem es Sie herunterhandeln kann. Sie werden nie erfahren, ob die Firma vielleicht bereit gewesen wäre, 52.000 oder 55.000 Euro zu zahlen. Natürlich sollten Sie einen Zielwert vor Augen haben, bei dem Unternehmen gibt es ja auch schon einen Referenzwert. Lassen Sie sich aber nicht dazu verleiten, über Ihre Vorstellungen Auskunft zu geben.

Doch wie verhalten Sie sich, wenn die Frage nach dem Gehalt kommt?

Ausweichen

Vorgesetzter: Was haben Sie denn für Gehaltsvorstellungen?

Auf diese Frage sollten Sie erst einmal nicht antworten. Sie möchten keinen Referenzwert geben, der Ihnen nachher schaden könnte. Sie möchten, dass das Unternehmen den ersten Schritt macht. Das heißt, Sie beantworten die Frage, indem Sie keinen Wert angeben, sondern einfach das Gespräch am Laufen halten. Zum Beispiel können Sie darauf verweisen, dass Ihnen noch Informationen fehlen, um einen konkreten Wert zu nennen. Denn schließlich hängt das Gehalt von vielen Faktoren ab – von der Anzahl der Mitarbeiter, der Projektgröße oder dem Verantwortungsbereich. Verweisen Sie also darauf, dass Sie erst noch die Stelle und die damit verbundenen Aufgaben besser kennenlernen möchten.

Das ist eine realistische Antwort, denn es kommt Ihnen ja entgegen, den Job besser zu verstehen. Gut für Sie, wenn Sie vielleicht in den ersten Monaten feststellen, dass es Ihr Traumjob ist, den Sie auch für weniger Gehalt gemacht hätten. Aber vielleicht ist es ein Aufgabenbereich, der Ihnen nicht liegt, und es wäre eigentlich besser gewesen, wenn Sie eine höhere Forderung gestellt hätten. Es ist also durchaus legitim zu sagen, dass Ihnen noch Angaben fehlen, um eine konkrete Aussage zu machen. Sie können durchaus erwähnen, dass Sie vor dem Interview recherchiert haben und die ungefähre Bandbreite kennen. Aber es fehlen Ihnen eben noch einige Fakten, um den Job in dieser Bandbreite einzuordnen.

Schauen wir uns ein paar Beispiele an, wie das in der

Praxis aussehen kann:

Vorgesetzter: *Was haben Sie denn für Gehaltsvorstellungen?*

Kandidatin: *Das ist ja jetzt noch sehr früh im Prozess und ich würde einfach gerne erst mal die Firma kennenlernen, die Aufgaben, wie groß das Team ist etc., bevor ich dazu etwas sagen kann.*

Oder:

Kandidatin: *Ich habe natürlich recherchiert und mich bei verschiedenen Firmen erkundigt, was man verdient und wie groß die Bandbreite ist. Natürlich hängt das von verschiedenen Faktoren ab – von der Größe des Teams, der Stundenanzahl, von den Projekten usw. Ich muss erst mal verstehen, worum es sich hier bei diesem Job handelt, bevor ich da was dazu sagen kann.*

Oder alternativ:

Kandidatin: *Das ist ja jetzt noch etwas früh im Prozess und ich würde einfach gerne zum jetzigen Zeitpunkt noch ein bisschen besser verstehen, um welche Jobinhalte es sich denn überhaupt handelt.*

Oder:

Kandidatin: *Also, da kann ich gerade nicht so viel dazu sagen, weil der Job mit meiner vorigen Tätigkeit überhaupt nicht vergleichbar ist. Das Aufgabenfeld ist wirklich sehr unterschiedlich zu dem, was ich vorher gemacht habe.*

Den Ball zurückspielen

Für Ihr zukünftiges Gehalt ist es ganz wichtig, dass Sie jetzt hart bleiben. Lassen Sie sich auch bei Rückfragen nicht darauf ein, einen Wert zu nennen. Wenn Sie eine Angabe machen, kann es schnell sein, dass Sie zu hoch liegen und Sie sich selbst ins Aus schließen oder dass Sie zu niedrig liegen und sich unter Wert verkaufen.

Selbst wenn Sie den Wert genau treffen, den das Unternehmen vorgesehen hat, wissen Sie nicht, ob Sie vielleicht ein bisschen mehr herausholen hätten können.

Deswegen ist es wichtig, den Ball zurückzuspielen und eine Gegenfrage zu stellen. Fragen Sie den Interviewer, was er für diese Position eingeplant hat? Wie viel Budget für diesen Posten vorhanden ist? Welche Vergütung er sich vorgestellt? Jetzt ist der Interviewer an der Reihe, Antwort zu geben.

Hier einige Beispiele, wie das aussehen könnte:

Kandidatin: Wie viel Gehalt haben Sie denn dafür eingeplant?

Oder:

Kandidatin: Wie viel Budget haben Sie denn dafür eingeplant?

Oder:

Kandidatin: Mit wie viel wird denn diese Position in Ihrer Firma normalerweise vergütet?

Oder:

Kandidatin: *Das ist mit meinem letzten Job gar nicht vergleichbar. Daher würde ich gerne wissen, wie viel Ihre Firma dafür an Budget überhaupt vorgesehen hat?*

Oder:

Kandidatin: *Wie viel Budget haben Sie denn dafür eingeplant?*

Oder:

Kandidatin: *Was ist denn an Budget für diese Position vorgesehen?*

Oder:

Kandidatin: *Wie viel Gehalt können Sie mir denn dafür anbieten?*

Oder:

Kandidatin: *Was ist denn an Gehalt dafür vorgesehen?*

Angebot erhalten

Sie haben den Ball in der Gehaltsverhandlung nun erfolgreich zurückgespielt und der Interviewer macht Ihnen ein erstes Angebot. Er nennt einen konkreten Betrag oder eine Bandbreite. Wie reagieren Sie jetzt? Sollen Sie es direkt akzeptieren oder sollen Sie weiterverhandeln?

Natürlich verhandeln. Denn das ist ein erstes Angebot. Sie können davon ausgehen, dass der Interviewer einen gewissen Spielraum hat, den er nutzen kann. Vielleicht darf er sich im Bereich von 46.000 bis 52.000 Euro bewegen und hat Ihnen gerade 48.000 Euro angeboten. Vielleicht ist da noch Luft nach oben.

Deswegen sollten Sie mit einer der folgenden Taktiken reagieren:

Eine Möglichkeit ist es, die Antwort einfach zu wiederholen und damit auf freundliche Weise zu spiegeln. Hat der Personaler Ihnen zum Beispiel gerade 48.000 Euro angeboten, können Sie das einfach wiederholen und sagen *„Ihr Angebot liegt also bei 48.000 Euro?"*.

Oder Sie wiederholen den Betrag mit einem leichten, anschließenden *„mmh"*. Wichtig ist, dass Sie danach eine etwas längere Pause machen: *„48.000 Euro? ... mmh."* Halten Sie diesen Moment der Stille aus. Denn häufig korrigieren die Personaler dann von sich aus ihr Angebot nach oben. Diese Pause könnte also die bestbezahlte Pause sein, die Sie jemals gemacht haben.

Vorgesetzter: Also, ich könnte Ihnen für diese Stelle 48.000 Euro Brutto-Jahresgehalt anbieten.

Kandidatin: *Sie können mir 48.000 Euro anbieten...*

Vorgesetzter: *Ja, 48.000. Das liegt eigentlich schon im oberen Bereich bei uns. Was ich maximal machen könnte, wäre vielleicht noch mal auf 52.000 Euro hochzugehen. Das ist aber das Maximum, was ich machen kann.*

Oder:

Vorgesetzter: *Also je nach Erfahrung und Qualifikation sind dafür bei uns zwischen 45.000 und 50.000 Euro Brutto-Jahresgehalt vorgesehen.*

Kandidatin: *Sie sagen also, Ihre obere Grenze liegt bei 50.000 Euro...*

Vorgesetzter: *Ja, eigentlich, also was im Budget vorgesehen ist. Was wir vielleicht machen könnten ... ich könnte noch mal mit meinem Vorgesetzten sprechen, ob wir in Ihrem Fall vielleicht ein bisschen höher gehen könnten. Was haben Sie sich denn vorgestellt?*

Oder:

Vorgesetzter: *Ich freue mich, Ihnen ein Angebot machen zu können. Wir würden Sie gerne bei uns im Team haben. Ich könnte Ihnen 49.000 Euro Brutto-Jahresgehalt anbieten.*

Kandidatin: *49.000, mmh...*

Vorgesetzter: *Das Maximum, bis zu dem ich gehen könnte, wären wirklich 52.000 Euro. Das wäre für uns dann aber schon die Obergrenze. Wäre das akzeptabel?*

Rechercheergebnis Marktwert

Wenn es gut gelaufen ist, hat der Interviewer oder Personaler sein Angebot jetzt nach oben korrigiert, ohne dass Sie viel dafür tun mussten. Bislang haben Sie Ihre Karten noch nicht auf den Tisch gelegt. Sie haben noch nicht gesagt, dass dies ein tolles Angebot ist.

Jetzt kommt Ihre gute Vorbereitung zum Tragen. Schließlich haben Sie ja noch das Dokument dabei, in dem genau steht, wie eine ähnliche Position momentan am Markt vergütet wird. Nutzen Sie jetzt dieses Dokument, um über die Bandbreite zu sprechen.

Haben Sie beispielsweise ein verbessertes Angebot von 52.000 Euro bekommen, können Sie jetzt aufzeigen, dass die marktübliche Bandbreite zwischen 50.000 und 60.000 Euro liegt. Damit setzen Sie wieder einen Referenzwert, der zeigt, dass die 52.000 Euro eher im unteren Bereich liegen. Aufgrund Ihrer Qualifikationen – wie Erfahrung, spezifischen Kenntnissen, Ausbildung usw. – können Sie argumentieren, dass Ihr Gehalt sich eher im mittleren bis oberen Bereich bewegen müsste.

Nutzen Sie diese Chance um herauszufinden, ob das Unternehmen schon am oberen Rand angelangt ist oder ob es noch Verhandlungsspielraum gibt.

Vorgesetzter: Ich kann Ihnen ein Angebot über 52.000 Euro für diesen Job zu machen.

Kandidatin: Ich habe mich natürlich auch über die aktuelle Marktlage informiert. Wenn Sie hier mal schauen...

An dieser Stelle legt die Kandidatin den Gehaltsreport vor.

Kandidatin: *Die normale Bandbreite für eine solche Position liegt derzeit bei 50.000 bis 60.000 Euro. Mit meiner vierjährigen Berufserfahrung und meinen Qualifikationen würde ich mich eher im mittleren bis oberen Segment sehen.*

Vorgesetzter: *Das kann ich bei Ihrem Profil und Ihren Erfahrungen natürlich nachvollziehen. Mir sind budgetär leider die Hände gebunden, da bin ich ganz ehrlich. Was ich machen kann, ist Ihnen noch ein Stück entgegenzukommen, so dass wir uns Ihrem Bereich etwas annähern. Ich könnte Ihnen ein verbessertes Angebot von 55.000 Euro machen.*

Kandidatin: *Ja, das würde mich sehr freuen.*

Mit etwas Vorbereitung ist es unserer Beispielkandidatin gelungen, nach dem ersten Angebot noch zwei verbesserte Angebote des Arbeitgebers zu erhalten, und so einige tausend Euro mehr Gehalt pro Jahr herauszuholen.

Mehr als nur Gehalt

Wenn Sie gut verhandelt haben, haben Sie nun ein verbessertes Angebot vom Arbeitgeber erhalten. Jetzt muss man für sich entscheiden, ob man damit zufrieden ist und das erreicht hat, was man sich vorgenommen hat.

Machen Sie sich auch bewusst: Es geht nicht nur um Geld, Sie möchten auch in einem Job arbeiten, der Ihnen Spaß macht und in dem Sie sich auch in den nächsten Jahre noch sehen.

Wenn die finanziellen Möglichkeiten des Unternehmens begrenzt sind, besteht häufig auch noch die Möglichkeit, andere Bestandteile des Gehalts zu verhandeln. Das können leistungsabhängige Zahlungen sein, also Dinge, die nicht fix vereinbart sind, sondern von bestimmten Erfolgen abhängen, oder Schulungen und Fortbildungen, für die es in vielen Firmen ein Extra-Budget gibt.

Kandidatin: Gibt es denn in Ihrer Firma auch Fortbildungsmaßnahmen?

Vorgesetzter: Wir haben pro Mitarbeiter ein Budget von 500 Euro pro Jahr für selbst organisierte Fortbildungsmaßnahmen, die den eigenen Bereich betreffen. Das müssen wir natürlich gemeinsam abstimmen, wäre aber definitiv ein Bestandteil, der noch mal zusätzlich zu Ihrem Gehalt dazukäme.

Oder alternativ:

Kandidatin: Gibt es bei Ihnen variable Bestandteile, wie etwa Bonuszahlungen?

Vorgesetzter: *Zusätzlich zum Fixgehalt haben wir noch leistungsabhängige Vergütungen, die bei Ihrem Level etwa bei 5% bis 10% liegen. Wenn Sie die mit Ihrem Vorgesetzten vereinbarten Ziele im Jahr voll erreichen, ist das auch noch mal ein Bestandteil, der zum Gehalt dazukäme.*

Oder aber:

Kandidatin: *Gibt es in sechs Monaten vielleicht noch mal die Gelegenheit, über meine Leistungen zu sprechen?*

Vorgesetzter: *Natürlich, regelmäßige Feedback-Gespräche sind bei uns absolut üblich. Eigentlich sprechen wir einmal im Jahr über die Leistung. Da schaut man sich dann an, wo man steht und wie die Weiterentwicklungsmöglichkeiten sind. Ich kann Ihnen gerne anbieten, dass wir ein solches Gespräch schon nach sechs Monaten führen, um zu schauen, wie es läuft und wie Ihr Weg hier weitergehen kann.*

Das Angebot annehmen

Wenn Sie mit dem Angebot zufrieden sind, sollten Sie sich jetzt entsprechend positiv äußern. In der Verhandlung haben Sie natürlich hart argumentiert, aber Sie sind sehr motiviert, in diesem Unternehmen in dieser Position zu arbeiten. Das sollten Sie jetzt auch zeigen. Bedanken Sie sich für das gute, konstruktive Gespräch sowie dafür, dass die Firma Ihnen entgegengekommen ist und Ihnen ein entsprechendes Angebot gemacht hat. Machen Sie noch einmal deutlich, dass Sie sich darauf freuen in diesem Unternehmen zu arbeiten.

Vorgesetzter: Wäre das denn ein Angebot, auf das wir uns einigen könnten?

Kandidatin: Ja, darauf können wir uns definitiv einigen. Ja, sehr gerne.

Vorgesetzter: Vielen Dank!

Kandidatin: Schönen Tag Ihnen!

Es ist wichtig, die Gehaltsverhandlung mit einem positiven Eindruck abzuschließen. Beide Parteien müssen das Gefühl haben, sich auf einen fairen Wert geeinigt zu haben, und dass Sie nun motiviert sind bei Ihrem neuen Arbeitgeber engagiert Ihren Aufgaben nachzugehen.

Exkurs: Eine Gehaltserhöhung im Job verhandeln

Jedes Jahr wieder hoffen hunderttausende Deutsche auf eine Gehaltserhöhung. Meist finden die Gespräche über die Leistungen zum Jahresbeginn statt und es werden die Zielerreichungen des letzten Jahres besprochen. Doch ob man seine Ziele erreicht hat, oder nicht, der Arbeitgeber kommt nur sehr selten auf die Idee, das Gehalt der Mitarbeiter signifikant zu erhöhen.

Außerhalb der tariflich organisierten Berufe ist die Aufgabe jedes einzelnen, sein Gehalt bestmöglich zu verhandeln. Natürlich gibt es dabei Grenzen. In den allermeisten Fällen jedoch bleibt viel Potential ungenutzt. Dabei lässt sich bereits mit drei einfachen Schritt oft erstaunlich viel erreichen.

Schritt 1: Einen Termin mit dem Vorgesetzten vereinbaren

Jede Gehaltserhöhung beginnt mit dem Austausch der Positionen zwischen Mitarbeiter und Arbeitgeber. Nur wenn Sie Ihre Erwartungshaltung auch deutlich machen, haben Sie eine realistische Chance eine Gehaltserhöhung zu bekommen. Das beginnt mit einem Gespräch.

Oft macht es Sinn, statt eines separat vereinbarten Termins direkt das Leistungs-, Feedback- oder Review-Gespräch zu nutzen, das in vielen Unternehmen in regelmäßigen Abständen, meist jährlich, stattfindet. Hier soll es ohnehin um Ihre Leistung und die vereinbarten

Ziele gehen, und daher bietet es eine optimale Gelegenheit, um Ihre Leistungen Ihrem Gehalt gegenüberzustellen, und so Diskrepanzen aufzuzeigen.

Schritt 2: Den eigenen Beitrag zum Unternehmenserfolg zeigen

Dies ist der wichtigste Schritt, und gleichzeitig der Schritt, der am häufigsten vernachlässigt wird. Nur wenn Sie Ihren Beitrag zum Unternehmenserfolg kennen und auch messen können, können Sie Ihre Gehaltsforderung glaubhaft begründen.

Eine Gehaltsverbesserung passiert nicht aus gutem Willen der Firma oder Ihres Vorgesetzten und auch nicht, weil Sie schon viele Jahre dort arbeiten oder Ihre Miete gestiegen ist. Eine Gehaltserhöhung ist nur gerechtfertigt, wenn Sie aus Unternehmenssicht auch einen erhöhten Beitrag zum Ergebnis liefern.

Haben Sie einen neuen Kunden werben können, und so für mehr Umsatz gesorgt? Oder die Fehlerquote in der Fertigung senken können, und so Kosten einsparen können? Diese Dinge sind es, die Sie zu einem wertvollen Mitarbeiter machen.

Bereiten Sie Ihre Erfolge und Leistungen im Vorfeld auf und machen Sie sie so gut es geht messbar. Idealerweise können Sie sie in konkrete Wertangaben umrechnen. Wie viel Umsatz macht der neue Kunde pro Jahr? Wie viele tausend Euro Kostenersparnis bringt der neue Prozess, den Sie mitentwickelt haben?

Diese Werte sind ein konkreter Nutzen, den das

Unternehmen von Ihnen hat. Und diese monetären Werte rechtfertigen es schließlich, dass Sie einen Teil dieses Mehrwertes in Form eines höheren Gehalts beziehen.

Schritt 3: Den eigenen Marktwert kennen

Neben Ihren Leistungen und Erfolgen sollten Sie sich vor dem Gespräch mit Ihrem aktuellen Marktwert befassen. Wie viel wird momentan extern für einen Mitarbeiter mit Ihrer Ausbildung, Ihrer Erfahrung und Ihren Qualifikationen bezahlt? Wenn Sie sich bei einer anderen Firma in der gleichen Branche neu bewerben würden, mit wie viel Gehalt könnten Sie dort rechnen?

Dieser Wert ist Ihr aktueller Marktwert. Auch wenn Sie nicht vor haben die Firma zu wechseln, sollten Sie diesen Wert, bzw. die Bandbreite in der sich externe Angebote bewegen kennen.

Mit diesem Wert können Sie nun einschätzen, ob Sie derzeit fair und angemessen bezahlt werden. Sie sollten auf keinen Fall damit drohen, die Firma zu verlassen, sofern Sie das nicht auch wirklich vor haben. Aber Sie können durchaus anführen, dass momentan in anderen Unternehmen deutlich mehr gezahlt wird. Das bringt den Arbeitgeber unter Druck, und hilft Ihnen, für Ihr Anliegen einer Gehaltserhöhung zu argumentieren.

Bleiben Sie in Ihren Gesprächen immer sachlich und freundlich, und wirken Sie nicht fordernd. Nur über das konstruktive Gespräch erreichen Sie eine Bereitschaft Ihres Chefs, Sie zu unterstützen und sich für eine Gehaltserhöhung für Sie einzusetzen.

Über uns

Es gibt viele Ratgeber und Internetseiten zum Thema Gehalt und Gehaltsverhandlung. Leider ist die Qualität oft mangelhaft, bzw. die vermeintlichen Tipps sind oft oberflächlich oder inhaltlich falsch. Viele der Autoren solcher Ratgeber kommen selbst nicht aus der Praxis, und geben daher gut gemeinte, aber oft irreführende Anleitungen.

Wir von der Gehaltsverhandlungsakademie sind selbst in Ihrer Situation gewesen und mussten Gehaltsverhandlungen mit unseren Vorgesetzten führen. Aber wir haben auch mit unseren eigenen Teams über Gehalt gesprochen, und kennen daher die "andere Seite": wie man als Vorgesetzter auf Gehaltsforderungen reagiert, und welchen Spielraum Vorgesetzte haben. Durch viele Verhandlungen wissen wir, was ein erfolgreiches Gespräch ausmacht, und welche Strategien zum Erfolg führen.

Und wir möchten dieses Wissen mit Ihnen teilen.

Wir bringen Erfahrung mit Unternehmen wie Unilever, Daimler, Roche oder Henkel mit. Wir sind selbst durch viele Gehaltsverhandlungen bei Top Arbeitgebern gegangen, sind in manchen Gesprächen gescheitert (heute wissen wir warum), und haben viele erfolgreich gemeistert. Wir haben in den Bereichen Marketing, Verkauf, Finanzen, Qualitätsmanagement und Beratung von namhaften Unternehmen gearbeitet.

Eine erfolgreiche Gehaltsverhandlung erfordert neben der richtigen Strategie und Know-How etwas Einsatz und Vorbereitung. Einen Marathon läuft man schließlich auch nicht unvorbereitet. Für die optimale Vorbereitung haben wir in diesem Buch sowie in der Gehaltsverhandlungsakademie ein umfassendes Training für Ihre Gehaltsverhandlung zusammengestellt.

Wir wünschen Ihnen viel Erfolg bei der Vorbereitung auf Ihre Gehaltsverhandlung!

Tobias C. Meier
Gehaltsverhandlungsakademie

Hat Ihnen dieses Buch gefallen?

Dann helfen Sie anderen in Ihrer Situation bei der Auswahl eines geeigneten Vorbereitungsbuchs. Auch ich als Autor freue mich sehr über ehrliches Feedback. Positiv oder negativ, es hilft mir dieses Buch weiter zu verbessern und auf Basis der Anregungen in Zukunft zu erweitern. Und über positive Rückmeldungen freue ich mich natürlich besonders, denn sie machen Mut, dass Ihnen mein Ratgeber bei Ihrer Vorbereitung auf die Gehaltsverhandlung geholfen hat.

Bitte schenken Sie mir 1-2 Minuten Ihrer Zeit und hinterlassen Sie ein Feedback zum Buch auf Amazon.de.

Vielen Dank!

Ähnliche Bücher, die Ihnen gefallen könnten:

Impressum und Rechtliche Hinweise

Impressum:

Die Gehaltsverhandlungsakademie ist eine Marke der MarketMatch Marketing Dienstleistungen

vertreten durch Herrn Tobias C. Meier
Heckenweg 1
49170 Hagen
E-Mail: info@gehaltsverhandlungsakademie.de

Rechtliche Hinweise:

Stilistische Hinweise:

Aus Gründen der leichteren Lesbarkeit verwenden wir an vielen Stellen nur die männliche oder nur die weibliche Form. Selbstverständlich sind immer alle Leserinnen und Leser gemeint.

www.ingramcontent.com/pod-product-compliance
Lightning Source LLC
Chambersburg PA
CBHW051822170526
45167CB00005B/2117